로맨틱 데이트, 그날의 레시피

Date Night Cookbook by Rebecca Warbis
Copyright © Rebecca Warbis, 2016
Published by arrangement with Summersdale Publishers Ltd.
All rights reserved.

Korean translation right © 2016 Eye of Ra Publishing Co., Ltd.

Korean translation rights are arranged with Summersdale Publishers Ltd through AMO Agency Korea.

이 책의 한국어판 저작권은 AMO 에이전시를 통해 저작권자와 독점계약한 라의눈에 있습니다. 저작권법에 의해 한국 내에서 보호를 받는 저작물이므로 무단 전재와 무단 복제를 금합니다.

특별한 날, 최고의 기억을 선사할 세상에서 가장 낭만적인 요리

로맨틱 데이트,
그날의 레시피

레베카 와르비스 지음 | 최현숙 옮김

라의눈

가족과 친구들, 그리고 내 남자친구에게.
모두 고마워요!

• 차례 •

Chapter 1
인도어 텐트 나이트

우리끼리, 퐁듀	• 11
캠핑 감자 볼	• 13
식사 후에는, 스모어	• 15

Chapter 2
침대에서 먹는 아침식사

게으른 아침 스무디	• 23
침대에서 즐기는 잉글리시 브렉퍼스트	• 25
팬케이크와 팬케이크 사이	• 27

Chapter 3
피크닉 데이트

페타 샐러드	• 35
둘이 먹어야 맛있는, 프리타타	• 37
사랑의 열병, 블루베리 머핀	• 39

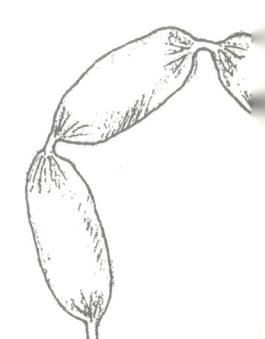

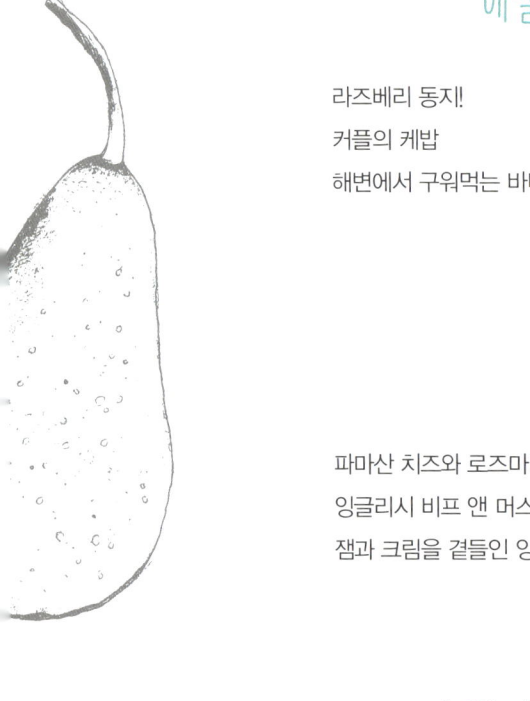

chapter 4
해질녘 해변 데이트

라즈베리 동지!	• 47
커플의 케밥	• 49
해변에서 구워먹는 바나나	• 51

Chapter 5
애프터눈 티

파마산 치즈와 로즈마리 쇼트브래드	• 59
잉글리시 비프 앤 머스터드 샌드위치	• 61
잼과 크림을 곁들인 잉글리시 스콘	• 63

Chapter 6
어디든 갈 수 있게, 드레스 업!

구운 채소 샐러드	• 71
파인 다이닝 스테이크	• 73
애인에게만 만들어주는, 서양배 캐러멜	• 75

Chapter 7
파리에서의 저녁식사

감미로운 프렌치 어니언 스프	• 83
노르망디 스타일 폭 찹	• 85
치즈, 크래커, 레드 와인	• 87

Chapter 8
밤새 영화보기

나눠 먹는 나초	• 95
홈시어터 핫-독	• 97
바닷소금으로 간한 캐러멜 팝콘	• 99

Chapter 9
별빛을 바라보며

달콤, 통옥수수구이	• 107
해산물 파에야	• 109
취할지도 몰라요, 오렌지 샐러드	• 111
데이트 노트	• 117
감사의 글	• 126

/ Chapter 1 /
인도어 텐트 나이트

특별한 밤을 위한 최고의 요리는
친밀한 수다나 프러포즈를 담은 카드보다,
훨씬 근사하다.

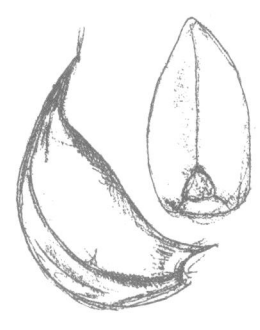

우리끼리, 퐁듀

조리시간 : 15분

체다 치즈 350그램
모차렐라 치즈 100그램
우유 145밀리리터
드라이 머스터드 한 꼬집
넛멕 한 꼬집
마늘 한 쪽
프레즐 한 개, **빵 한 덩어리**, 또는
브레드스틱과 같은 빵 취향껏

1. 체다 치즈와 모차렐라 치즈는 모두 강판에 갈아 소스팬에 넣고, 중불에서 부드러워질 때까지 녹인다.
2. 치즈를 계속 녹이고, 천천히 저어가며 우유를 첨가한다.
3. 분량이 반으로 줄어들 때까지 끓이면, 치즈와 우유에 거품이 생긴다. 이때 드라이 머스터드와 넛멕을 넣고 저어가며 섞어 퐁듀 믹스를 만든다.
4. 계속 가열하며 저으면, 퐁듀는 걸쭉하고 크림처럼 된다.
5. 반으로 자른 마늘을 퐁듀 팬 안쪽 면에 문지른다. 이렇게 하면 마늘향이 골고루 배어나와 치즈의 풍미를 한껏 살려준다.
6. 캔들에 불을 붙여 퐁듀 냄비를 달군 후 퐁듀 믹스를 담는다.
7. 빵조각이나 프레즐, 또는 브레드스틱을 곁들여 내고, 퐁듀에 적셔 먹는다.

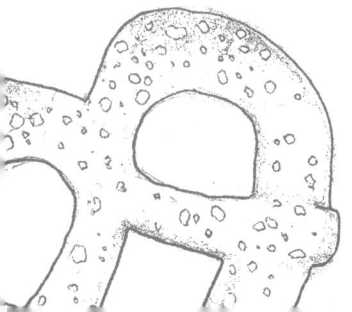

캠핑 감자 볼

조리시간 : 1시간 20분

구운 감자 큰 것 **2개**
달걀 **4개**
얇게 저민 베이컨 **2장**
버터 **1tbsp**
(tbsp, 테이블스푼(우리로 치면 성인용 밥숟가락)하나 가득한 양을 의미하며, 1tbsp는 대략 10~15그램 정도를 말한다 – 옮긴이)
방울토마토 **4개**
잣 **한 줌**
생 파슬리 **1tbsp**
소금, 후추

1. 오븐은 200도로 예열하고, 감자 두 개는 젓가락으로 듬성듬성 찔러 표면에 구멍을 낸다. 베이킹 트레이에 올리브 오일을 바르고, 손질한 감자를 담아 오븐에서 한 시간 굽는다.

2. 감자가 부드럽고 약간 물렁물렁해질 때까지 오븐에서 구운 다음, 식힌다.

3. 감자는 모두 반으로 자른다. 껍질을 포함한 감자 겉면을 두툼하게 1센티미터 정도만 남긴다 생각하고 속을 파낸다. 감자껍질과 감자는 일정부분 남겨야 한다.

4. 달걀은 하나씩 속을 판 감자에 깨 넣는다.

5. 버터를 두른 팬에 베이컨을 구운 다음 잘게 썰고, 얇게 저민 방울토마토와 잣, 파슬리를 반으로 자른 감자 위에 얹고, 소금과 후추로 간한다.

6. 감자를 모두 오븐에 집어넣고 달걀에 익을 때까지 180도에서 약 15분간 굽는다.

식사 후에는, 스모어

조리시간 : 15분

핑크와 화이트 머시멜로우 **12개**
비스킷 **12개**(리치 티 비스킷Rich Tea biscuits이 가장 좋다)
정사각형 모양의 초콜릿 **6개**

1. 머시멜로우는 결대로 꼬치에 끼우고 불에 굽는다.

2. 두 개의 비스킷 사이에 구운 머시멜로우를 끼워 샌드와 같은 모양으로 스모어를 만든다. 나머지 재료도 모두 이와 같은 형태로 만든다.

3. 초콜릿은 전자렌지나 가스렌지를 이용해 소스팬에서 녹여, 만들어 놓은 각각의 스모어 사이에 한 스쿱씩 드리즐한다.
(drizzle, 음식에 소스 등을 조심스럽게 부어 알맞은 농도를 유지하는 것을 말하는 조리용어 – 옮긴이)

너만의 아름다움은

분명 존재해

/ Chapter 2 /

침대에서 먹는 아침식사

휴가는 최고로 게으른 데이트를 할 수 있는 때다.
비가 오거나 혹은 햇살이 눈부실 때,
환상적인 레시피의 요리와 함께
침대에서 하루를 맞는 것처럼 평화로운 일은 없으니까.

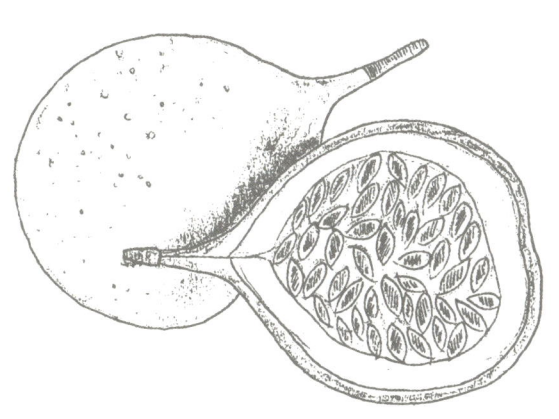

게으른 아침 스무디

조리시간 : 10분

신선한 망고 **300그램**
꿀 **1tbsp**
우유 **250밀리리터**
저지방 요거트 **200그램**
반으로 자른 오렌지 **1개**
반으로 자른 패션프룻 **2개**
곁들일 해바라기 씨

1. 망고는 작은 조각으로 잘게 썰어 꿀과 섞고, 우유와 지지방 요거트와 함께 중속으로 3분간 블렌더에 돌려 믹스를 만든다.

2. 오렌지는 즙을 내어 만들어놓은 믹스에 섞는다. 이상적인 배합은 스무디나 요거트 정도의 농도이지만, 어떻게 할지는 당신 입맛대로.

3. 패션프룻의 노란색 과육만 떠서 믹스에 담는다. 곁들일 씨앗을 위에 흩뿌린다. 나는 이런 때 항상 해바라기 씨를 이용한다.

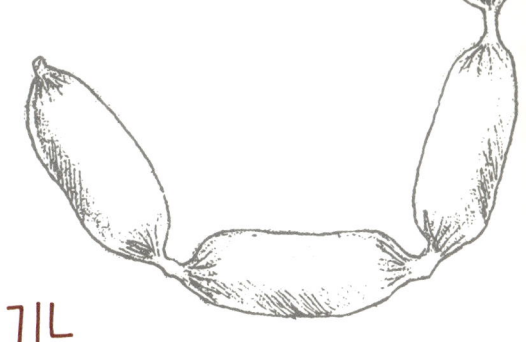

침대에서 즐기는
잉글리시 브렉퍼스트

조리시간: 40분

소시지 **4~6개**
얇게 저민 베이컨 **4~6장**
방울토마토 **250그램**
올리브오일 **1tbsp**
베이킹 트레이에 바를
여분의 올리브오일 약간
달걀 **4개**
빵
홀그레인 머스터드 약간
소금, 후추

1. 오븐은 200도로 예열해 놓는다.

2. 베이킹 트레이에 여분의 올리브 오일을 바르고 소시지를 드문 드문 올린다. 소시지는 자체에 이미 기름이 충분하니 따로 오일을 바를 필요는 없다.

3. 베이킹 트레이에 베이컨도 올린다. 예열된 오븐에 트레이를 넣고 15분간, 모든 재료가 엷은 갈색을 띨 때까지 가끔 뒤집어 주며 굽는다.

4. 트레이에 토마토를 올리고 나머지 올리브 오일을 드리즐한 후, 7분간 재료가 다 익을 때까지 뒤적이며 굽는다.

5. 달군 프라이팬에 올리브오일을 두른 다음, 달걀을 익히고, 흰자가 익으면 빵도 함께 굽는다.

6. 접시에 모든 재료를 담고, 홀그레인 머스터드와 소금, 후추를 뿌려서 낸다.

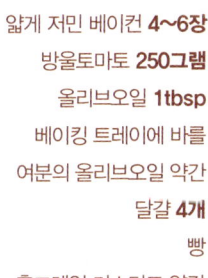
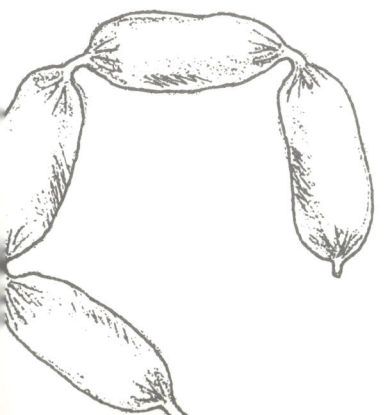

팬케이크와 팬케이크 사이

조리시간: 25분

체에 거른 밀가루 **300그램**
정제설탕 **1tbsp**
달걀 **2개**
바닐라 농축액 **1tsp**
우유 **300밀리리터**
버터 **1tbsp**
블루베리 **200그램**
꿀 약간

1. 체 친 밀가루와 설탕을 커다란 볼에 한데 섞는다.
2. 블렌더에 달걀, 분량의 바닐라 농축액과 우유를 붓고 부드러워질 때까지 돌려 반죽을 만든다.
3. 코팅된 프라이팬에 버터를 녹이고, 미리 만들어 놓은 반죽을 조금씩 덜어 원형으로 넓게 편다.
4. 강불로 올리고 반죽을 굽는데, 가장지리가 굳으면 스패출라로 뒤집어 갈색을 띨 때까지 굽는다.
5. 반죽으로 최대한 많은 양의 팬케이크를 만들었으면, 낮은 온도로 데운 오븐 안에 넣고 온기를 유지하며 보관한다.
6. 블루베리를 팬케이크 위에 뿌리고, 입맛대로 꿀을 듬뿍 뿌려 따뜻하게 낸다.

나의 하루가 어땠는지

네게 말해 줄게

/ Chapter 3 /
피크닉 데이트

들판, 숲, 또는 집에서 가까운 야외에서 즐기는
피크닉 데이트는
진심으로 잊지 못할 경험을 선사할 것이다.

페타 샐러드

조리시간 : 20분

가지 **1개**
붉은 양파 **1개**
잣 **50그램**
로켓 **200그램**
페타 치즈 **100그램**
발사믹 비니거 **1tbsp**
올리브오일 **1tbsp**
후추 **한 꼬집**

1. 가지는 0.5센티미터 너비로 세로로 길게 껍질을 벗기고 얇게 썬다.

2. 얇게 썬 가지에 일일이 올리브오일을 발라주고, 프라이팬에 갈색을 띨 때까지 구운 후 식힌다.

3. 반으로 자른 양파는 다시 얇게 채 쳐 올리브오일을 두른 팬에 가볍게 볶는다. 절대로 양파를 카라멜라이즈(Caramelize, 양파를 갈색을 띨 때까지 오래도록 볶아 단맛을 최대한 끌어내는 조리법을 말한다 – 옮긴이)하지는 말 것.

4. 깨끗하게 오일을 닦은 프라이팬에 잣을 넣고 황금색을 띨 때까지 볶는다.

5. 각각의 접시에 여러 장의 가지를 깔고, 그 위에 손으로 찢은 로켓을 올린다.

6. 로켓 위에 볶은 잣과 양파를 흩뿌린 다음, 바스러트린 페타 치즈를 올린다.

7. 작은 볼에 올리브오일, 후추, 발사믹 비니거를 넣고 섞은 다음, 샐러드 위에 드리즐한다.

둘이 먹어야 맛있는, 프리타타

조리시간 : 50분

감자 3~4개

마리스 파이퍼 만들기
양파 **2개**
달걀 **7~8개**

프리타타 믹스 만들기
소금, 후추
시금치 ½봉지

1. 프라이팬에 오일을 꼼꼼히 바른다. 뚜껑이 있는 프라이팬이면 좋다.

2. 감자는 가로세로 2센티미터 크기로 깍둑썰기한 다음 프라이팬에 옮기고 뚜껑을 덮는다.

3. 감자는 처음에는 낮은 불에서, 그 다음 중불로 올려 황금색을 띨 때까지 뒤적이며 익힌다. 감자가 탈지도 모르니 오일을 너무 많이 사용하지는 말 것.

4. 양파는 아주 얇게 채 썰어 감자를 익힌 프라이팬에서 5~10분 가량 함께 볶는다.

5. 볼에 분량의 달걀을 푼 다음, 소금과 후추로 간을 하고 잘게 썬 시금치를 넣고 섞어 프리타타 믹스를 만든다.

6. 감자와 양파를 조리한 프라이팬에 믹스를 붓고, 처음에는 약불에서 그 다음에는 중불로 올려 15~20분 정도 익힌다.

7. 프리타타 믹스의 윗면, 다시 말해 달걀이 익으면 프라이팬을 접시에 대고 뒤집어서 낸다. 짠!

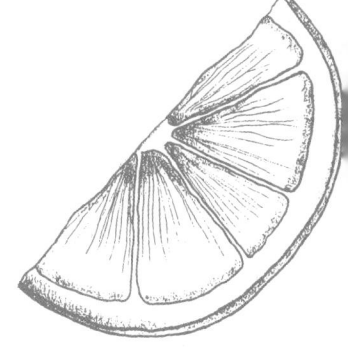

사랑의 열병, 블루베리 머핀

조리시간: 50분

일반 밀가루 **270그램**
(베이킹파우더가 들어있지 않은 밀가루)
베이킹파우더 **2tsp**
(tea spoonful, 티스푼 하나 가득한
양을 의미한다 – 옮긴이)
블루베리 **200그램**
무염버터 **120그램**
정제설탕 **250그램**
달걀 **2개**
우유 **130밀리리터**
바닐라 농축액 **1tsp**
반으로 자른 레몬 **1개**
크리스털 슈거(결정당) **한 줌**
화이트 초콜릿 **50그램**

1. 180도로 예열한 오븐에 머핀종이를 깐다.

2. 중간 크기 볼에 분량의 밀가루와 베이킹파우더를 휘휘 뒤섞는다. 볼에 블루베리도 함께 넣어 드라이 믹스를 만들어 놓는다.

3. 다른 볼에 버터와 설탕을 섞는다. 버터가 녹기 전에 달걀, 우유, 바닐라 농축액을 첨가해 휘저어 믹스를 만든다. 이때 반죽을 너무 치대지 않도록 한다.

4. 그런 다음 드라이 믹스가 부드러워질 때까지 한 번에 한 스푼씩 짠 레몬즙을 첨가해 저어가며 섞는다.

5. 각각 만들어 놓은 믹스를 한데 섞은 후 3tbsp(밥숟가락 세 개 분량)만큼 떼어 머핀종이에 덜어낸 다음, 황금색을 띨 때까지 30분가량 오븐에서 굽는다.

6. 머핀이 식으면 크리스털 슈거를 뿌리고, 녹인 화이트 초콜릿을 드리즐한다.

너로 인해 나는

가장 가까운,

진정한 친구라는 의미를

알게 되었어

/ Chapter 4 /

해질녘 해변 데이트

양초, 블랭킷을 가지고 바비큐를 즐기는

해질녘 해변의 데이트는

마치 현실 도피처럼 느껴진다

라즈베리 둥지!

조리시간 : 10분

진 **50밀리리터**
라즈베리 **12알**
얼음 **100그램**
설탕 **2tsp**
스파클링 와인, 또는
프로세코 와인 **한 병**
타임 **두 줄기**

1. 잔 두 개에 각각 25밀리리터의 진을 따른다.

2. 한 사람에 여섯 개씩의 라즈베리를 뭉개지지 않게 잔에 넣는다.

3. 1tsp 분량의 설탕을 각각의 잔에 넣고 녹을 때까지 잘 섞은 후 얼음을 넣는다.

4. 프로세코 와인(혹은 스파클링 와인, 탄산수 등 거품이 나는 어떤 것이라도 좋다)으로 잔을 가득 채운다. 마지막으로 타임 한 줄기로 장식!

커플의 케밥

조리시간 : 10분

닭 가슴살 3조각
붉은 피망 1개
작은 버섯 10개(작은 양송이버섯이 좋다)
방울토마토 10개
꿀 100밀리리터
올리브오일 50밀리리터
라임즙
소금, 후추
고춧가루

1. 닭 가슴살과 파프리카는 한입 크기로 깍둑썰기하고, 버섯과 방울토마토와 함께 케밥 꼬치에 번갈아 끼운다.

2. 휴대용 바비큐 그릴에 각 면 당 10분씩, 혹은 닭 가슴살이 황남색을 띠고 잘 익을 때까지 굽는다.

3. 잘 익었으면, 접시에 옮겨 꿀과 올리브오일을 드리즐한다.

4. 이제 마지막으로, 케밥에 신선한 라임즙, 소금과 후추, 그리고 고춧가루를 뿌리고 하나씩 뜯어먹으면 된다!

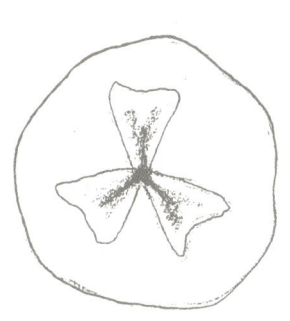
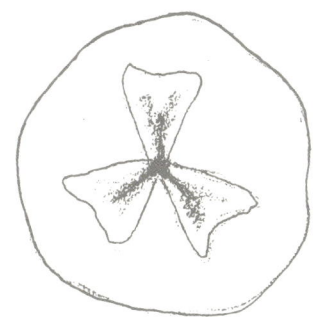

해변에서 구워먹는 바나나

조리시간 : 20분

바나나 **4개**
설탕 **1tbsp**
꿀 **4tbsp**
바닐라 농축액 **1tsp**
큼직하게 다진 호두 **50그램**
곁들임 요거트, 또는 크림

1. 가로세로 30센티미터의 포일을 네 개 준비해 한쪽에 둔다.

2. 바나나는 세로로 길게 껍질의 반만 벗긴다. 껍질 벗긴 바나나 윗부분에 설탕, 꿀, 바닐라 농축액, 그리고 호두를 뿌린 다음 각각의 바나나를 포일에 단단히 싼다.

3. 휴대용 바비큐 그릴에 올리고 뒤집어가며, 바나나 껍질은 검게 그을리게, 과육 부분은 부드러운 상태가 될 때까지 굽는다. 바나나가 엄청나게 뜨거울 테니, 조심할 것.

4. 무가당 요거트, 혹은 '사악한' 칼로리를 자랑하는 크림 등을 곁들여 즐긴다.

나는 너와 함께

모험을 즐기고 싶어!

/ Chapter 5 /

애프터눈 티

이 진짜 영국식 데이트는
달콤하고 짭쪼름한 맛을 매우 조화롭게 믹스해
계속 차를 마시게 한다!

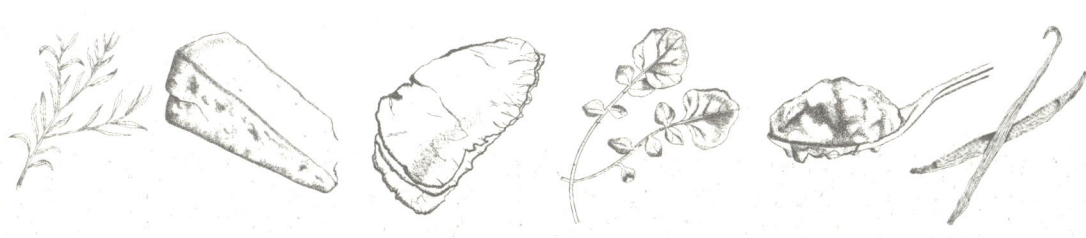

파마산 치즈와 로즈마리 쇼트브래드

조리시간 : 1시간 55분

일반 밀가루 **160그램**
(베이킹파우더가 들어가지 않은 보통 밀가루)
버터 **110그램**
달걀노른자 **2개**
강판에 간 파마산 치즈 **100그램**
소금, 후추
생 로즈마리 **누세 가시**
곁들일 파마산 치즈 가루
취향껏 넉넉하게
올리브 오일

1. 체 친 밀가루와 버터를 볼에 담는다. 버터와 밀가루를 손으로 비벼 빵가루처럼 만든다.

2. 여기에 분량의 달걀노른자를 넣고, 파마산 치즈, 소금과 후추를 섞어 반죽이 부드러워질 때까지 치댄다.

3. 반죽이 뻑뻑한 느낌이 들 때까지 치대어 부드러운 도우를 만든다. 도우를 원기둥 모양으로 길쭉하게 만들어 랩으로 싸서, 냉장고에 한 시간 정도 보관한다.

4. 오븐을 180도로 예열한다.

5. 베이킹 트레이에 올리브 오일을 바른다. 냉장고에서 차게 식힌 도우는 1센티미터 두께로 잘라, 살짝 펴고 겉에 오일을 바른다.

6. 반죽이 갈색을 띨 때까지 20~25분간 오븐에서 굽는다.

7. 생 로즈마리는 갈색을 띨 때까지 기름에 살짝 튀긴 후 파마산 치즈 가루와 함께 쇼트브래드 위에 뿌린다.

잉글리시 비프 앤 머스터드 샌드위치

조리시간 : 15분

적양파 **1개**
곡물빵 **한 덩어리**
홀그레인 머스터드 **2tbsp**
물냉이, 혹은 로켓 **한 줌**
구운 소고기 필레 **6장**

1. 얇게 썬 양파는 오일을 두른 팬에 갈색을 띨 때까지 볶는다.
2. 곡물빵 한 덩어리는 중간 중간 두툼하게 칼집을 내고(완전히 자르지는 말고)사이사이에 홀그레인 머스터드를 충분히 바른다.
3. 빵 사이에 채소를 듬뿍 얹고, 구운 양파와 소고기 필레를 넣는다.
4. 속을 꽉 채운 곡물빵은 잘 드는 칼로 4분의 1조각씩 썰어 샌드위치처럼 즐긴다.

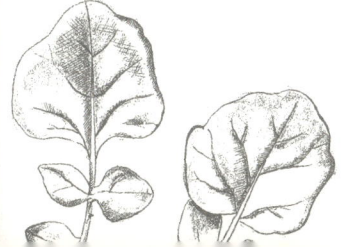

잼과 크림을 곁들인 잉글리시 스콘

조리시간 : 35분

셀프 라이징 밀가루 **350그램**
(베이킹파우더가 섞인 밀가루)
베이킹파우더 **1tsp**
버터 **85그램**
정제설탕 **4tbsp**
우유 **180밀리리터**
레몬주스 **1tsp**
바닐라 농축액 **1tsp**
스콘과 함께 즐길 클로티드 크림
(Clotted Cream, 저온살균을 거치지 않은 우유를 가열하여 얻은 노란색 크림으로 버터보다는 부드럽고 생크림보다는 뻑뻑하다. 일반적으로 스콘에 클로티드 크림과 잼을 곁들여 즐긴다 - 옮긴이)
잼(취향껏, 어떤 잼이라도)

1. 오븐은 220도로 예열하고, 베이킹 트레이에 버터를 바른다.
2. 밀가루와 베이킹파우더, 분량의 버터를 볼에 넣는다. 그런 다음 재료를 손으로 비벼 빵가루처럼 만들어 반죽을 만든다.
3. 여기에 설탕을 넣고, 천천히 우유를 섞는다. 여기에 레몬주스와 바닐라 농축액도 섞어 반죽을 치대어 1.5센티미터 두께의 도우로 만든다.
4. 깨끗한 테이블 위에 밀가루를 뿌리고 도우를 굴려 표면에 밀가루를 묻히고, 스콘 모양으로 자른다. 이렇게 자른 도우를 베이킹 트레이에 4센티미터 간격으로 담는다.
5. 황금색을 띨 때까지 10분간 오븐에서 굽는다. 이제 클로티드 크림과 잼과 함께 즐기시길!

물건이 아니라,

순간을

수집해 봐!

/ Chapter 6 /
어디든 갈 수 있게, 드레스 업!

최고급 레스토랑에서의 저녁식사는 아니지만,
집에서 즐길 수 있는 이번 데이트는
연인에게 정말 강한 인상을 남길 수 있는 방법이거나
매우 '특별한 질문'에 대한 '답'이 될 것이다!
본 아뻬띠, 제군이여.

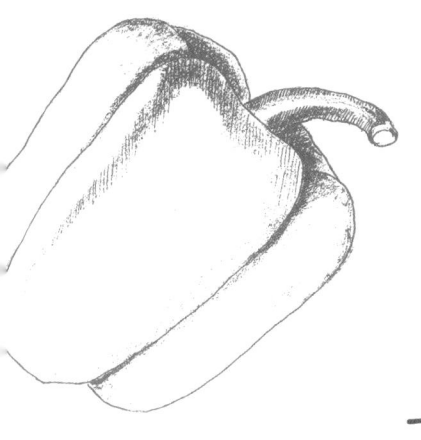
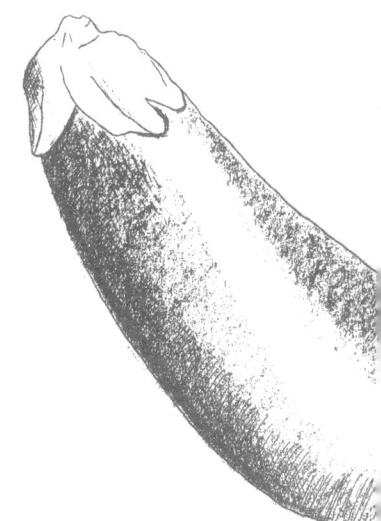

구운 채소 샐러드

조리시간 : 35분

애호박 **2개**
붉은 피망 **1개**
방울토마토 **8개**
마늘 **2쪽**
가지 **1개**
블랙 올리브 **한 줌**
화이트 와인 비니거 **1tbsp**
올리브 오일 **3tbsp**
소금, 후추
페타 치즈 **약간**
선 드라이드 토마토 **한 줌**

1. 애호박은 세로로 길게 반으로 가른 다음 필러로 넓적하고 얇게 썬다. 감자도 필러로 가늘고 길게 썬다.

2. 붉은 피망은 길쭉하게 썰어 기름을 두르지 않은 팬에 애호박과 함께 익힌 다음, 한쪽에 둔다.

3. 오븐을 180도로 예열한 다음 방울토마토는 통째로, 마늘은 으깨어 올리브 오일을 바른 베이킹 트레이에 올린다. 여기에 준비해놓은 애호박과 붉은 피망도 함께 담는다.

4. 그 위에 화이트 와인 비니거와 올리브 오일을 뿌린다. 소금과 후추로 간을 하고 오븐에서 15분간 굽는다.

5. 베이킹 트레이를 오븐에서 꺼내고 위에 페타 치즈와 선 드라이드 토마토를 올린다.

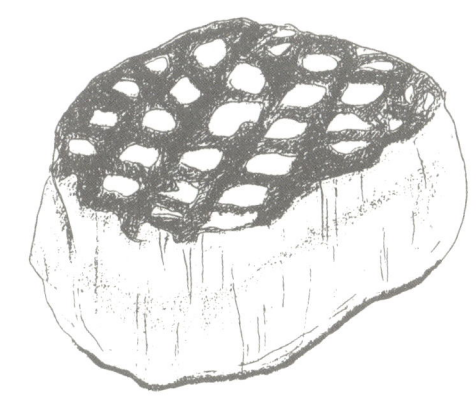

파인 다이닝 스테이크

조리시간 : 30분

햇감자 **6개**
올리브 오일 **4tbsp**
로즈마리 **한 다발**
소금, 후추
스테이크 용 소고기 필레 **2장**
마늘 **2알**
곁들일 시금치 샐러드
작은 버터 **한 조각**

1. 햇감자는 가로세로 2센티미터 크기의 정사각형 모양으로 썰어 5분간 끓는 물에서 삶은 다음 물을 따라버리고 티 타월로 옮겨 물기를 뺀다.

2. 프라이팬에 올리브 오일 2tbsp를 두르고 감자가 갈색을 띠고 겉면이 바삭해질 때까지 15분간 볶는다.

3. 얼추 감자가 다 익은 것 같으면 프라이팬에 다진 로즈마리와 소금, 후추를 넣는다.

4. 이 프라이팬에 올리브 오일 2tbsp를 두르고 버터와 으깬 마늘로 소고기 표면을 문지른 다음, 좋아하는 굽기로 익힌다.

5. 내기 전에 간단하게 시금치 샐러드를 곁들여 즐긴다!

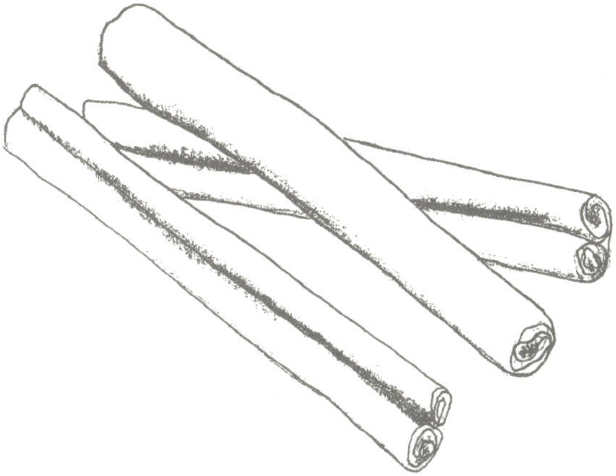

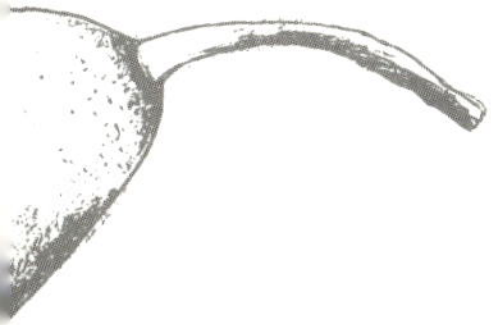

애인에게만 만들어주는, 서양배 캐러멜

조리시간 : 1시간

껍질 벗긴 서양배 4개
황설탕 320그램
카다몸 4알
시나몬 스틱 2개
바닐라 농축액 1tsp
곁들일 휘핑크림

1. 냄비에 1리터외 물을 붓고 끓인다. 여기에 서양배를 넣고 삶는데, 황설탕, 카다몸, 시나몬 스틱, 그리고 바닐라 농축액도 함께 넣는다.

2. 30분간 삶고 나서, 배만 건져내어 한쪽에 둔다.

3. 냄비는 나머지 재료들이 마치 꿀처럼 걸쭉해질 때까지 25분쯤 더 끓여 소스로 만든다.

4. 접시에 배를 올리고 걸쭉해진 소스를 위에 뿌린 다음, 휘핑크림을 한쪽에 곁들여 낸다. 최고의 맛이야!

사랑은

사소한 것들도

근사하게 만들어 버린다

/ Chapter 7 /
파리에서의 저녁식사

파리스타일 재즈가 흐르는,
야외에서 즐기는 스리three 코스 저녁식사는
당신의 밤을 환상적으로 만들어 줄 것이다.
물론, 식사에 프랑스 식 패스트리가 포함된다면
프랑스 산 와인이 빠질 수는 없을 것이다.

감미로운 프렌치 어니언 스프

조리시간 : 50분

재료
- 양파 **500그램**
- 마늘 **2쪽**
- 버터 **2tbsp**
- 꿀 **2tsp**
- 비프 스톡 **한 조각**
- 물 **1.5리터**
- 화이트 와인 비니거 **2tbcp**
- 더블 크림 12밀리리터(Double Cream, 유지방이 많은 걸쭉한 크림으로, 지방함량에 따른 분류에서 유지방 함량이 45퍼센트 이상인 크림을 말한다. 더블 크림은 끓는 상태에서도 크림이 잘 분해되지 않기 때문에 주로 뜨거운 소스와 함께 사용한다 – 옮긴이)
- 소금, 후추
- 모양 낼 더블 크림 약간
- 곁들일 프랑스 빵 아무 거나

만드는 법

1. 양파는 깍둑썰기하고 마늘은 곱게 다진다.
2. 가지고 있는 제일 큰 소스팬을 달구고 버터를 녹인다.(소스팬이 없으면 가정에서 사용하는 중간 크기의 냄비도 좋다.) 버터가 녹으면 다듬어놓은 양파와 마늘이 갈색을 띨 때까지 15분간 중불에서 볶는다.
3. 소리 중인 소스팬에 꿀을 붓고, 10분간 더 볶는다. 재료가 타지 않게 주의하자.
4. 이 소스팬에 비프 스톡 한 조각을 분량의 물과 함께 넣고 끓여 스프를 만든다.
5. 여기에 화이트 와인 비니거, 더블 크림, 소금과 후추를 더하고, 스프가 부드러워질 때까지 핸드 블렌더를 중속으로 돌린다.
6. 스프를 따뜻하게 데운 다음 접시에 담고 더블 크림을 소용돌이 모양으로 끼얹는다. 빵과 함께 낸다. 이 아름다운 스프를 보라!

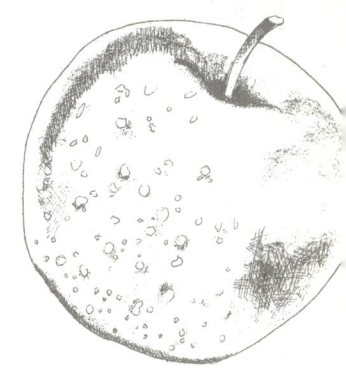

노르망디 스타일 폭찹

조리시간 : 40분

버터 **2조각**
돼지고기 **2장**
사과주 **300밀리리터**
소금, 후추
그래니 스미스 애플 **1개**
(Granny Smith apple, '스미스 할머니의 사과'라 불리는 사과로, 구워도 바삭함을 잃지 않아 요리 용으로는 제격이다. 아오리 사과 정도로 대체하면 무난하다 – 옮긴이)
반으로 자른 햇감자 **8개**
홀그레인 머스터드 **1tbsp**
더블 크림 **100밀리리터**
장식용 파슬리 가루 약간
곁들일 샐러드

1. 달군 큰 프라이팬에 버터 두 조각을 모두 녹이고, 중불에서 돼지고기 양면을 번갈아가며 굽는다.

2. 팬에 분량의 사과주를 붓고, 소금과 후추로 간하고 촉촉함을 유지하며 더 굽는다.

3. 돼지고기를 굽는 동안 사과는 얇게 저며 180도로 예열한 오븐에서 약 30분간 갈색을 띨 때까지 구워 한쪽에 둔다.

4. 햇감자는 도톰하게 반달모양으로 썰어 끓는 물에 넣고 8분간 강불에서 삶는다.

5. 돼지고기가 익고 있는 팬을 살펴볼 때다. 사과주가 많이 졸여졌다면, 여기에 홀그레인 머스터드와 더블 크림을 넣고 약 2분간 더 익힌다.

6. 접시에 돼지고기와 소스를 담고 위에 파슬리 가루를 뿌린다. 구운 사과와 삶은 감자, 샐러드를 곁들여 낸다.

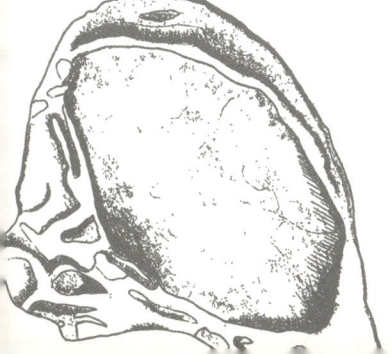

치즈, 크래커, 레드 와인

조리시간 : 5분

까망베르 치즈, 혹은 브리 치즈 **한 덩어리**
스틸톤 치즈 **한 덩어리**(Stilton, 로크포르, 고르곤졸라와 함께 세계 3대 치즈로 꼽힌 두 치즈보다 부드럽다. 블루치즈의 한 종류로 단단하지만 크림 같은 질감을 가지고 있으며, 크래커와 포트와인에 곁들여 먹는 영국산 치즈다. 푸른곰팡이로 숙성시켜 대리석의 마블링 같은 무늬가 특징. 강한 맛을 내지만 냄새가 좋다 – 옮긴이)
고트 치즈 **한 덩어리**
프랑스 산 레드 와인 **한 병**
크래커 **취향대로**
포도 **한 송이**

1. 치즈보드에 준비한 치즈를 올리고, 각각의 치즈를 자를 나이프는 따로 준비한다. 치즈 향이 섞이지 않게 하기 위해서다.

2. 레드 와인은 될수록 큰 잔에 가득 따라, 크래커와 포도와 함께 치즈를 즐긴다. 어찌 맛이 없을 수가!

주뗌므!

/ Chapter 8 /

밤새 영화보기

연애 초반의 데이트는 최고다!
당신이 고른 영화와 함께 즐길
간편하고 맛있는 이 요리들은
사랑하는 사람을 사로잡을 것이다.

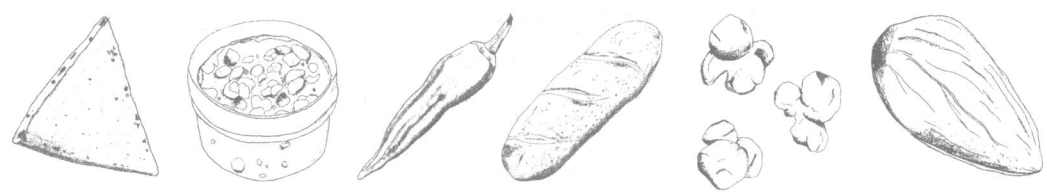

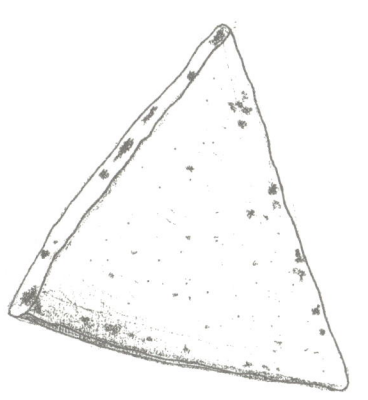

나눠 먹는 나초

조리시간 : 15분

토르티야 칩 한 봉지
체다 치즈 100그램
살사 소스 200그램
과카몰레 200그램
사워 크림 200그램
칠리 플레이크 한 꼬집
파 한 대
올리브 오일 약간

1. 올리브 오일을 바른 베이킹 트레이에 토르티야 칩을 듬성듬성 담는다.

2. 강판에 간 체다 치즈는 토르티야 칩 위에 골고루, 충분히 뿌려 나초 사이사이에 치즈가 스미게끔 한다.

3. 살사, 과카몰레, 사워 크림을 토르티야 칩 중간 중간 올리고, 칠리 플레이크를 뿌린다. 맨 위에 파의 녹색 부분을 썰어 올린다.

4. 180도로 예열한 오븐에 토르티야는 갈색을 띠고, 치즈는 다 녹을 때까지 굽는다.(보통 5분에서 10분민 정도가 적당.)

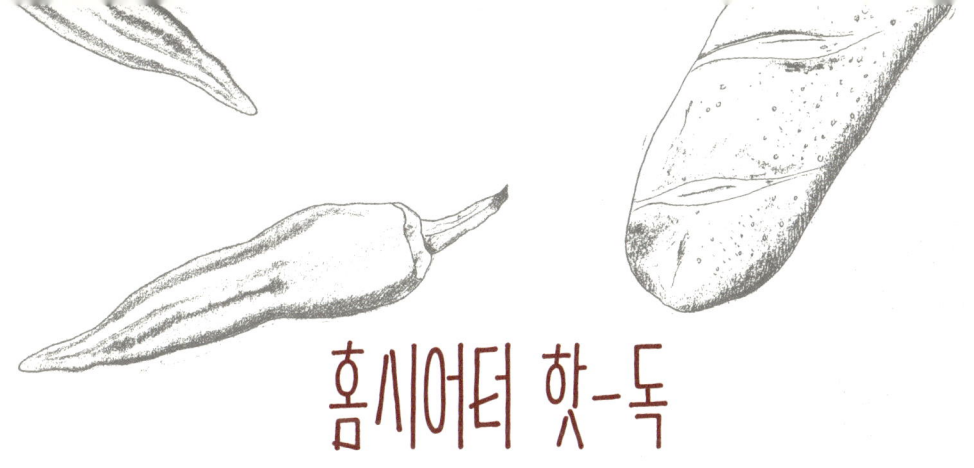

홈시어터 핫-독

조리시간 : 35분

적양파 **1개**
붉은 고추 **1개**
올리브 오일 **2tbsp**
황설탕 **1tbsp**
소금, 후추
치폴라타 소시지 **6개**(Chipolata Sausages, 가늘고 긴 길이의 거친 조직감을 느낄 수 있는 돼지고기, 또는 돼지고기와 소고기를 섞어서 만든 비가열 소시지. 타임, 차이브, 고수, 정향, 매운 고춧가루 등을 넣어 진한 맛이 특징이다 - 옮긴이)
홀그레인 머스터드 **3tbsp**
핫도그 빵 **2개**
로켓 **한 단**
토마토 퓌레 **1tbsp**(Tomato Puree, 과일이나 삶은 채소를 으깨어 물을 조금만 넣고 걸쭉하게 만든 상태를 퓌레라고 한다. 토마토 퓌레는 잘 익은 토마토를 으깨어 껍질, 씨 등을 없앤 과육이나 액즙을 졸인 것을 말한다 - 옮긴이)
고수
발사믹 비니거

1. 로스팅팬에 얇게 채 썬 양파와 다진 고추를 올리고 올리브 오일을 뿌리고, 설탕, 소금과 후추로 간하여 둔다.

2. 로스팅팬을 오븐에 넣고 재료들이 갈색을 띠고 지글지글 익을 때까지 15분간 180도로 굽는다.

3. 치폴라타 소시지는 오븐의 다른 칸에서 속까지 충분히 익을 때까지 따로 굽는다.

4. 핫도그 빵은 안쪽에 홀그레인 머스터드를 바르고 구운 소시지, 로켓, 구운 양파와 고추, 토마토 퓌레와 고수로 속을 채운다.

5. 마지막으로 발사믹 비니거를 뿌리면 완성.

바닷소금으로 간한 캐러멜 팝콘

조리시간 : 15분

카네이션 캐러멜 **100밀리리터**
바닐라 농축액 **1tsp**
튀긴 팝콘 **200그램**
바닷소금 **1tsp**
반으로 가른 호두 **60그램**
아몬드 **60그램**

1. 달군 소스팬에 캐러멜을 붓고 데워, 따뜻한 상태를 유지한다.
2. 여기에 바닐라 농축액을 첨가하고, 약불에서 부글부글 끓고 부드러워질 때까지 끓인다.
3. 캐러멜을 튀긴 팝콘에 뿌린다.
4. 위에 바닷소금을 뿌리고, 반으로 가른 호두와 아몬드를 올린다.

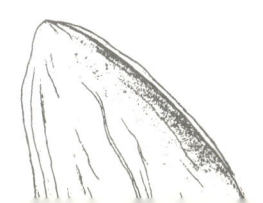

당신은 나를

진심으로 웃게 하죠!

/ Chapter 9 /

별빛을 바라보며

블랭킷을 챙기고, 쿠션도 넉넉히 준비해서
맛있는 음식과 함께 하는 환상적인 아웃도어를 즐기자!
별이 빛나는 밤은 의심의 여지없이
데이트를 완벽하게 만든다.

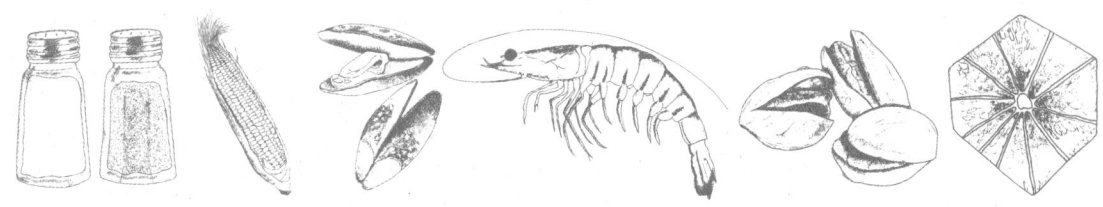

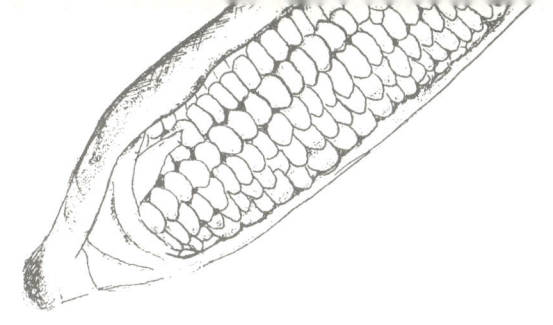

달콤, 통옥수수구이

조리시간 : 25분

꿀 **2tbsp**
올리브 오일 **2tbsp**
소금, 후추
통옥수수 **2~4개**
마늘 **4쪽**
녹인 버터 **1tbsp**
곁들일 라임 **1개**

1. 옥수수를 굽기 전에 달콤 소스를 먼저 만들어야 한다. 분량의 꿀과 올리브 오일을 섞는다. 여기에 취향대로 소금과 후추로 간한다.

2. 옥수수에 꼭지와 껍데기가 붙어있다면 손질한다. 옥수수를 꼬치에 꽂아 휴대용 바비큐 그릴로 옮긴다.

3. 마늘은 반으로 잘라 향이 배이게 옥수수 전체에 골고루 문지른다.

4. 숯이 하얗게 될 때까지 불을 피운 다음 꼬치에 꽂은 옥수수를 그릴에 올린다.

5. 옥수수가 전체적으로 갈색을 띨 때까지 굽는다. 녹인 버터와 만들어놓은 달콤 소스를 스푼으로 떠서 옥수수에 끼얹는다. 이때 소스가 흘러 바비큐 그릴에서 연기가 날 것이다.

6. 연기가 나도 계속 분량의 버터와 달콤 소스를 모두 옥수수에 골고루 끼얹어 진한 황금색을 띨 때까지 굽는다. 얇게 썬 라임과 곁들여 먹는다.

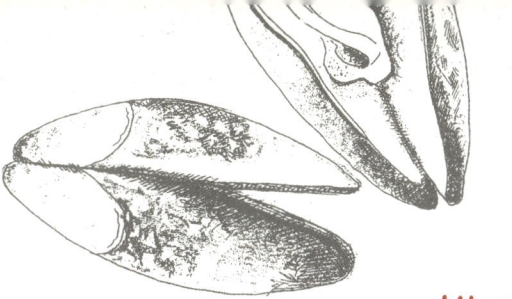

해산물 파에야

조리시간 : 1시간 10분

올리브 오일 **100밀리리터**
잘게 다진 양파 **1개**
잘게 다진 붉은 피망,
혹은 노란 피망 **2개**
다진 토마토 통조림 **½캔**
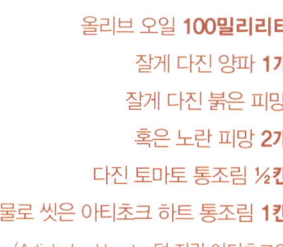
물로 씻은 아티초크 하트 통조림 **1캔**
(Artichoke Hearts, 덜 자란 아티초크의
연하고 신선한 중심부를 말한다. 아티초크
하트 통조림 제품은 국내에서도 구입
가능하다 - 옮긴이)
마늘 **2쪽**
사프란 **한 꼬집**
소금, 후추
쌀 **250그램**
채소 스톡 **1조각**
끓인 물 **1리터**
대하 **4개**
홍합 **100그램**
얇게 썬 레몬 약간

1. 파에야팬(없으면 큰 웍도 좋다)에 올리브 오일을 두르고 달군 다음 양파와 피망이 부드러워질 때까지 볶는다.

2. 팬에 다진 토마토, 아티초크, 마늘, 사프란, 소금과 후추, 피망을 넣고 볶는다.

3. 모든 재료들이 부드럽게 익을 즈음, 쌀을 붓고 쌀알이 코팅될 때까지 재료를 섞는다.

4. 냄비에 물 1리터를 붓고 채소 스톡을 넣어 15분간 끓인 후 파에야팬으로 옮긴다.

5. 팬에 대하와 홍합을 넣고 5분간 더 끓인다.

6. 불을 끄고 묵직한 뚜껑을 덮거나, 키친타월 여러 장을 겹쳐 덮는다. 20분간 이 상태를 유지한다.

7. 썬 레몬을 곁들여 맛있게 즐긴다!

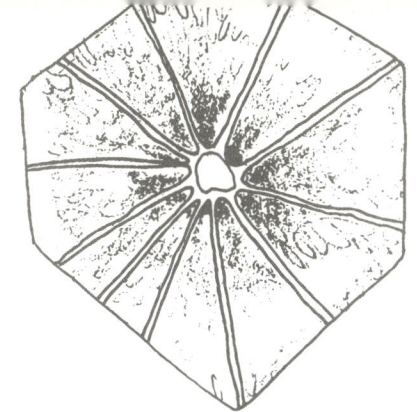

취할지도 몰라요, 오렌지 샐러드

조리시간 : 20분

오렌지 **3~4개**
아이싱 슈거 **1tbsp**
시나몬가루 **1tsp**
화이트 럼 **50밀리리터**
곁들일 그릭 요거트 약간
곁들일 피스타치오 **한 줌**

1. 오렌지는 자르지 않고 통째로 껍질과 하얀 부분까지 모두 벗겨, 원 모양으로 얇게 썬다.

2. 오렌지 위에 체 친 아이싱 슈거와 시나몬 가루를 뿌리고, 분량의 화이트 럼을 듬뿍 끼얹는다.

3. 먹기 직전에 그릭 요거트와 피스타치오를 뿌린다.

당신은 내가

미소 짓게 만들죠

인도어 텐트 나이트
데이트 노트

침대에서 먹는 아침식사
데이트 노트

피크닉 데이트
데이트 노트

해질녘 해변 데이트
데이트 노트

애프터눈 티
데이트 노트

어디든 갈 수 있게, 드레스 업!
데이트 노트

파리에서의 저녁식사
데이트 노트

밤새 영화보기
데이트 노트

별빛을 바라보며
데이트 노트

감사의 글

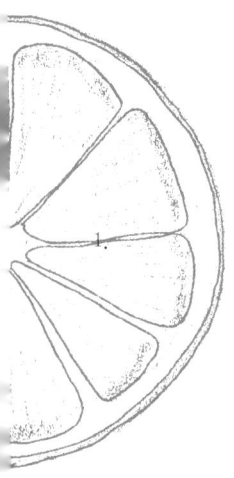

- 정말 너무너무 감사드려요 -

일러스트와 그래픽 디자인

소피 찬리

그래픽 디자인

엠마 갈빈

- 또한 감사드립니다 -

이지 베르긴

사라 터너

www.rebeccawarbis.com

◇ 당신은 언제나 옳습니다. 그대의 삶을 응원합니다. ─ 라의눈 출판그룹

로맨틱 데이트,
그날의 레시피

초판 1쇄 | 2016년 2월 11일

지은이 | 레베카 와르비스
옮긴이 | 최현숙

펴낸이 | 설응도
펴낸곳 | 라의눈

편집주간 | 안은주
편집장 | 김지현
기획편집 | 최현숙
기획위원 | 성장현
마케팅 | 김홍석
경영지원 | 설효섭

출판등록 | 2014년 1월 13일(제2014-000011호)
주소 | 서울시 서초구 서초중앙로29길 26(반포동) 낙강빌딩 2층
전화 | 02-466-1283
팩스 | 02-466-1301
e-mail | eyeofrabooks@gmail.com

ISBN 979-11-86039-47-2 13590

* 잘못 만들어진 책은 구입처나 본사에서 교환해 드립니다.
* 책값은 뒤표지에 있습니다.
* 라의눈에서는 독자 여러분의 소중한 아이디어와 원고 투고를 기다리고 있습니다.